W0354653

IRMA DÜTSCH
ROLAND PUIPPE

WALLISER KÜCHE
LA CUISINE DU VALAIS
VALAIS COOKING

FONA

INHALT

DIE REGION

SUPPEN UND VORSPEISEN

HAUPTGANG

SOMMAIRE

LA RÉGION

POTAGES ET ENTRÉES

PLATS PRINCIPAUX

TABLE OF CONTENTS

THE REGION

SOUPS AND STARTERS

MAIN COURSE

DESSERTS

BROT

DESSERTS

PAIN

DESSERTS

BREAD

DIE REGION
LA RÉGION
THE REGION

DAS WALLIS, DIE SONNENSTUBE

Es gibt 4000er wie Rebsorten! Matterhorn, Dufourspitze, Petite Arvine, Cornalin, um nur einige der Walliser Aushängeschilder zu nennen. Wenn man sie erwähnt, spricht man schon vom Wallis der Superlative, vom Wallis der Rekorde und dem Wallis der Kontraste. Egal, welches Adjektiv wir dem Wallis geben, es wird immer der privilegierte Kanton im Südwesten der Schweiz sein, bewundert oder verschrien, die Region strahlend vor Schönheit, mit atemberaubenden Landstrichen, der Kanton für Tapetenwechsel und Ferien. Es ist wichtig, das außerordentliche Klima des Wallis hervorzuheben. 3000 Stunden Sonnenschein im Jahr sind Schweizer Rekord. Eine weitere klimatische Eigenheit des Wallis sind die trockenen Sommer und der mehrheitlich als Schnee fallende Niederschlag im Winter.

Reichtum der Zweisprachigkeit

Wegen seiner strategischen Lage in den Alpen war das Wallis von jeher Objekt aller Begierden. Erwähnt sei Napoleon, der das Wallis kurzerhand annektiert (Département du Simplon). Es ist auch die Zeit der schwindenden Dominanz der Oberwalliser und des Erwachens der Unterwalliser. Diese Periode wird 1790 von Pierre-Maurice Rey-

LE VALAIS, LE PAYS DU SOLEIL

Autant de 4000 que de cépages! Cervin, Pointe Dufour, Petite Arvine, Cornalin, voilà bien des attributs emblématiques du Valais. Leur seule évocation dessine déjà les contours du Valais des superlatifs, du Valais des records, du Valais des contrastes. Quel que soit le qualificatif accolé au Valais, ce canton privilégié du sud-ouest de la Suisse, adulé ou décrié, sera toujours le pays à la beauté étincelante, aux paysages époustouflants, le canton du dépaysement, le canton des vacances, en toutes saisons. Il est bon de rappeler que le Valais bénéficie d'un climat exceptionnel ; il détient le record d'ensoleillement de Suisse, près de 3000 heures par an.

Riche de son bilinguisme

Positon stratégique au carrefour des Alpes, le Valais a été de tout temps l'objet de toutes les convoitises. Sans remonter au déluge, citons Napoléon qui annexe le Valais (Département du Simplon). C'est aussi la période qui constate le déclin de la toute-puissance des notables du Haut-Valais et le réveil de la conscience des Bas-Valaisans, réveil agité en 1790 par Pierre-Maurice Rey-Bellet, plus connu sous le nom de Gros-Bellet. Napoléon, défait par les armées «alliées», dut abandonner

THE VALAIS, THE SUN PARLOUR

There are 4000 m high mountains as many as there are grape variations! The Matterhorn, Dufour summit, Petite Arvine and Cornalin, to mention just a few of the Valais flagships. When these are mentioned, one has in mind the Valais of the superlative, the Valais of records and the Valais of contrasts. No matter what adjective we give the Valais, it will always be the privileged canton of the southwest of Switzerland, admired or ill-reputed, the region radiating beauty, with breathtaking landscapes, the canton of recreation and holidays. It is important to emphasize again and again the extraordinary climate of the Valais. With 3000 hours of sunshine per year it holds the Swiss record. Further climatic specialities are the dry summers and the precipitation mainly as snow in winter.

The wealth of bilingualism

Because of its strategic position in the Alps, the Valais has always been an object of desire. To be mentioned here is Napoleon who annexed the Valais (Departement du Simplon) without delay. It is also the time of the decreasing dominance of the upper Valais populace and the rise of the lower Valais populace.

Bellet, bekannt unter dem Namen Gros-Bellet, geprägt. Nach der Niederlage und Verbannung von Napoleon wurde das Wallis vom Wiener Kongress der Schweiz zugeschlagen. Das Wallis hat also 1815 nicht die Schweiz gewählt, sondern es wurde ohne sein Wissen und ohne seine Zustimmung in die Schweiz eingegliedert. Die aufgezwungene Integration, welche zur Vereinigung der früheren Herrscher (Oberwalliser) und deren Untertanen (Unterwalliser) führte, verlangte wohlüberlegte Kompromisse, die die Privilegien der Ersteren zu schonen hatten, ohne die

«son» Valais stratégique que le Congrès de Vienne attribua à la Suisse. Constat : le Valais n'a pas choisi la Suisse en 1815, elle lui fut imposée, à l'insu de son plein gré. Une telle contrainte, qui implique un mariage entre anciens dominants (Haut-Valaisans) et dominés (Bas-Valaisans) suppose un savant mélange de compromis qui ménage les privilèges des premiers sans prétériter les seconds. C'est ce savant mélange qui a conduit au découpage du canton en treize districts et trois régions constitutionnelles (Haut, Centre, Bas). Ce découpage laborieux, artificiel,

Pierre-Maurice Rey-Bellet, known by the name of Gros-Bellet influenced this period in 1790. After the defeat and banishment of Napoleon, the Valais was assigned to Switzerland by the Congress of Vienna. Hence in 1815 the Valais did not choose Switzerland, but was integrated into Switzerland without its knowledge and consent. The enforced integration, which led to the union of the former ruler (Upper Valais) and their subjects (Lower Valais), demanded well thought over compromises, which had to bear in mind the privileges of the

anderen zu benachteiligen. Diese weise Mischung führte zur Aufteilung in 13 Distrikte und 3 Regionen (Ober-, Mittel- und Unterwallis). Die aufwändige Aufteilung wurde vorgenommen, um die «bestehenden Verhältnisse zu schonen und die Nachteile der Minderheiten zu mindern», wie die vom Präsidenten des Staatsrates, Claude Roch, eingesetzte Arbeitsgruppe für die Einheit des Kantons 2006 feststellte. Diese Einheit kann gewahrt werden, solange der Regionalismus, welcher durch die Distrikteinteilung geschaffen worden ist, Bestand hat. Auch wenn einige aus der Politikerkaste diese politischen und soziologischen Fakten immer wieder infrage stellen.

a été réalisé par le biais «d'un jeu sur le plus pour les régimes en place, voire sur le moins d'inconvénients pour les minorités», comme le suggère l'équipe de réflexion mise en place par le président du Conseil d'Etat de 2006, Claude Roch, dans la perspective d'une étude sur l'unité du canton. Unité préservée tant que le régionalisme induit par la création des districts perpétue une judicieuse répartition des prérogatives et des richesses mais que d'aucuns qui gravitent dans le landerneau politique et sociologique ont tendance à mettre en doute.
Si la nécessité économique et sociale, voire politique, devait engendrer une modification radicale du moule régionaliste, l'unité apparente entre les deux

former rulers without penalising the others. This wise combination led to the partition of the canton into 13 districts and 3 regions (upper, central and lower Valais). This elaborate partition was made in order to «guard existing circumstances and reduce the disadvantage of the minorities», as the president of the Privy Council, Claude Roch, who built the working commitee for the Unity of the canton, stated in 2006. This unity can be maintained as long as the regionalism lasts, which was created by the partition into districts, even if a few members of the political caste repeatedly question these political and sociological facts.
It is to be questioned if the fragile unity of both language regions could remain alive

Ob wohl die fragile Einheit der beiden Sprachregionen überlebensfähig wäre, wenn wirtschaftliche, soziale oder politische Gründe zu einem radikalen Umbau der regionalen Aufteilung führen würden? Müssten die Distrikte im Interesse der Einheit aufgelöst werden? Die Zeit dafür scheint noch nicht gekommen zu sein angesichts der Bemühungen beider Seiten zur Erhaltung der Identitäten der Ober- und der Unterwalliser und deren jahrhundertealter Symbiose. Dies zeigt uns, wie realistisch, aber auch wie visionär die Strategen des 19. Jhs. mit ihrer Lösung waren. Die damaligen Kompromisse halten allen separatistischen Anflügen zum Trotz immer noch.

Der Einsatz von Maurice Troillet

Wenn man in der Geschichte des Wallis auf dem Weg in die Moderne nur einen einzigen Namen nennen will, dann den von Maurice Troillet, Staatsrat von 1913–1953. Er hat die Basis für die Modernisierung des Wallis auf landwirtschaftlicher, touristischer, industrieller und wirtschaftlicher Ebene geschaffen, ohne die Harmonie der örtlichen Traditionen zu stören. Neue Brücken zwischen Berg- und Talregionen sind entstanden. Er hat es verstanden, die Ansprüche der Oberwalliser mit denjenigen des französisch sprechenden Teils zu harmonisieren.

régions linguistiques résisterait-elle? Faudrait-il casser les districts pour y parvenir? Demain n'est pas la veille, semble-t-il, si l'on considère les combats menés des deux côtés de la Raspille pour préserver les identités fortes du Haut et du Bas dans une symbiose séculaire. Cette attitude nous conforte dans l'idée que les stratèges du 19e siècle étaient non seulement réalistes mais encore visionnaires. Ce compromis, fabriqué de haute lutte, est toujours d'actualité et résiste fort bien à quelques velléités de séparation, tant le couple bilingue valaisan est solide, au-delà des divergences.

Riche de Maurice Troillet

Dans l'histoire du Valais en route vers la modernité, s'il fallait citer un nom, ce serait celui de Maurice Troillet, conseiller d'Etat de 1913 à 1953. Il a jeté les bases de la modernité, agricole, touristique, industrielle, économique, en harmonie avec la tradition, les traditions valaisannes. Il a jeté des passerelles nouvelles entre plaine et montagne, et il a su concilier les exigences du Haut-Valais et du Valais romand. La question qui se pose est de savoir si son héritage permet encore de gérer efficacement le Valais ou si une réforme en profondeur des institutions s'impose?

if economical, social or political reasons would lead to a radical restructuring of the regional partition? Would the districts have to be disbanded in the interest of unity? The time for this does not yet seem to have come, owing to the efforts of both sides to maintain the identities of the Upper- and Lower Valais and it's centuries old symbiosis. This shows us how realistic, but also visionary the strategists of the 19th centuries where with their solution. The former compromises are still valid today, despite all the separatist ventures. Even though a divergence remains, the bilingual Valais tandem remains firm.

The commitment of Maurice Troillet

If only one name had to be referred to in the history of the Valais on the way to modern times, it would have to be Maurice Troillet, Privy Council from 1913 to 1953. He created the foundation for the modernisation of the Valais in regards to agriculture, tourism, industry and economy without disturbing the harmony of the local traditions. New bonds were established between the mountain- and the valley regions. He understood how to harmonise the dominancy of the Upper Valais with the French speaking part.

Fleisch – Spezialitäten sind im Trend
Das Fleisch der berühmten Walliser Rinderrasse Eringer und der nicht weniger berühmten Oberwalliser Schwarznasenschafe liegt voll im Trend. Die große Palette von gebeiztem und getrocknetem Fleisch hat je nach Herkunft (Talschaft) ein ganz anderes Aroma. Walliser Trockenfleisch wird unter dem IGP-Label vermarktet. Auch die Wurst-Palette lässt sich sehen: Die Würste werden aus Schweine-, Rind-, Schaf- und Hirschfleisch hergestellt und enthalten je nach Rezept Steinpilze, Fenchel, Heidelbeeren, Lauch und vieles mehr.

120 alpages produisent annuellement 2000 tonnes de fromages à base de lait cru de vache. La Fédé-ration laitière valaisanne en affine et commercialise près de la moitié sous la marque Valdor (à raclette et à la coupe et à rebibes). Les tommes, ainsi que les fromages à base de lait de chèvre et de brebis, sont en belle augmentation.

Riche de ses viandes
La viande de bœuf, de la célèbre race d'Hérens, et la viande d'agneau, de la non moins célèbre race des Nez Noirs du Haut-Valais, sont les plus en vogue dans la gastronomie. Il faut y ajouter toute la panoplie des salaisons dont les secrets de fabrication varient d'une

sold under the name Valdor (raclette cheese, block cheese). The Tomme cheeses from cow's milk and the sheep- and goat cheeses are a growth market.

Meat – specialities are the trend
The meat of the famous Valais cattle breed, Eringer and the none the less famous Upper Valais black nose sheep are the top runners. The wide palette of cured meat has a completely different aroma, depending on its origin. The Valais dried meat is sold under the IGP label. The variety of sausages is considerable as well: There are sausages out of pork, beef, sheep and venison and depending on the recipe can also contain

Weinvielfalt

Nirgends auf der Welt werden auf so kleinem Territorium, es sind 5200 Hektaren, so viele Rebsorten (50) kultiviert.
Ein Drittel der Schweizer Anbaufläche liegt im Wallis. Überproduktion und mittelmäßige Qualitäten Anfang der 80er Jahre des letzten Jahrhunderts haben zu einem neuen Qualitätsbewusstsein geführt. In den Fußstapfen von Simon Maye, Jules Duc, Marc Raymond und Pierre Favre, welche die Wende eingeleitet haben, hat eine junge Generation von Önologen konsequent und mit Hingabe den Weg der Qualität beschritten. Seit 1990 gibt es die Gütesiegel AOC und «Grands crus», die ebenfalls zur Imagepflege beigetragen haben.

vallée à l'autre. Fer de lance: la viande séchée, au bénéfice de l'appellation IGP. Suivent une kyrielle de saucisses, à base viande de porc, de bœuf, d'agneau, de cerf, agrémentées de saveurs aussi diverses que le bolet, le fenouil, la myrtille, le génépi, le poireau, et j'en passe.

Riche de ses vins

Nulle part ailleurs au monde qu'en Valais sont cultivés autant de cépages, plus de cinquante sur quelque 5200 hectares, soit le tiers de l'aire viticole suisse. Principal canton vitivinicole, le Valais se doit de jouer un rôle de leader. Les productions pléthoriques et de piètre qualité du début des années 80 ont engendré une

boletus, fennel, blueberries, leeks and a great deal more.

Diversity of wines

Nowhere in the world, there are 5200 hectares, so many different varieties of grapes (50 types) are cultivated as here. One third of the Swiss acreage lies in the Valais. Overproduction and mediocre quality have hindered active marketing for decades. However this belongs to the past. The younger generation of oenologists have contributed a great deal to the encouraging development of quality wines, following the way of Simon Maye, Jules Duc, Marc Raymond and Pierre Favre. Since 1990 there are the seals of approval «AOC» and «Grand crus», which have

Von den 35 weißen und 18 roten Rebsorten (2007) haben nur 30 eine wirkliche kommerzielle Bedeutung.
Auf Fendant und Johannisberg bei den weißen Weinen, Dôle, Gamay und Pinot Noir bei den roten Weinen entfallen 75 % der Weinproduktion. Vor zehn Jahren waren es noch 90 %. Die restlichen Rebsorten (25 %) werden unter ihrem Namen vermarktet. Der Anteil dieser sogenannten Spezialitäten wächst kontinuierlich.

Die Weißweine

Für einen guten Wein brauchen die meisten Rebsorten den richtigen Boden und das richtige Klima. Nicht so die Chasselastraube (Gutedel), das Aushängeschild und der Liebling unter den Walliser Rebsorten, die auf unterschiedlichsten Böden einen Qualitätswein verspricht. Leicht, spritzig, etwas tanninbetont im Oberwallis, gewinnt der Wein in der Region von Sierre an Harmonie, mit vorherrschender blumiger und fruchtiger Note. Um Sion wird der Fendant geschmeidiger, strukturierter und intensiver. Noch weiter rhoneabwärts, in Richtung Martigny, bilden sich mehr mineralische Noten mit einem Hauch von exotischen Früchten. Er ist ein ausgezeichneter Aperowein, passt aber auch zu Raclette aus Rohmilchkäse, Süßwasserfisch und hellem Fleisch.

prise de conscience salutaire.
Dans le sillage des Simon Maye, Jules Duc, Marc Raymond et René Favre, pionniers de l'essor vitivinicole valaisan, une nouvelle génération d'oenologues a ouvert l'ère du renouveau l'introduction, avant la production de l'AOC en 1990 et des appellations «grands crus» communales, encore en voie d'expansion.
Sur les 35 cépages blancs et 18 rouges (statistique 2007), certains cultivés à titre d'essai, une trentaine a une réelle valeur commerciale.
Fendant et johannisberg dans les blancs, dôle, gamay et pinot noir dans les rouges constituent le 75 % de la production totale contre 90 % il y a une dizaine d'années.
Les autres cépages (25 %), désignés sous l'appellation «spécialités», sont en constante progression.

La ronde des blancs

Si la plupart des cépages donnent leur pleine mesure en fonction d'une adéquation sol-cépage-climat, le chasselas, vin emblématique valaisan, prétend à la qualité dans la diversité des terroirs.
Léger, vif, un brin tanisé dans le Haut-Valais, il gagne en harmonie et en amplitude dans la région de Sierre, avec une prédominance de notes florales et fruitées. Plus gras et plus souple, plus structuré et intense dans la région sédunoise, il évolue vers des notes plus

also contributed to a better image.
Of the 35 white and 18 red grape varieties (2007) only 30 are really commercially relevant.
Fendant and Johannisberg with the white wines and Dôle, Gamay and Pinot Noir with the red wines, constitute 75 % of the total wine production.
Ten years ago it was still 90 %.
The remaining grape varieties (25 %) are produced under their own name. The percentage of these so called specialities is continually growing.

The white wines

For a good wine most of the grape varieties need the right soil and the right climate. Not the Chasselas grape (Gutedel), the flagship and favourite among the Valais grape varieties which promises quality wine on the most diverse kinds of soil.
Light, tangy and somewhat tannin accentuated in the Upper Valais, the wine gains harmony in the region of Sierre, with a predominant flowery and fruity note. In the region of Sion, the Fendant becomes smoother, more structured and intensive. Further down the Rhone, towards Martigny, a more mineral note develops with a hue of exotic fruit. It is a superb wine for an aperitif, but it also suits raclette out of raw-milk cheese, fresh-water fish and light meat.

blanc, Riesling und Riesling-Silvaner zu erwähnen. Es gibt noch eine Vielzahl anderer erwähnenswerter Sorten: Aligoté, Altesse, Auxerrois, Bernarde, Charmont, Chenin blanc, Completer, Freisamer, Gewürztraminer, Gwäss, Himbertscha, Lafnetscha, Rèze, Sauvignon blanc, Sémillon, Viognier.

Haut-Valais, savagnin blanc en France), le chardonnay, le pinot gris (sec) ou malvoisie (doux), l'ermitage, le muscat, le pinot blanc, le riesling, le riesling-sylvaner. Et d'autres encore, en toute confidentialité, qui ont pour nom aligoté, altesse, auxerrois, bernarde, charmont, chenin blanc, completer, freisamer, gewürztraminer, gwäss, himbertscha, lafnetscha, rèze, sauvignon blanc, sémillon, viognier.

Chenin blanc, Completer, Freisamer, Gewürztraminer, Gwäss, Himbertscha, Lafnetscha, Rèze, Sauvignon blanc, Sémillon, Viognier.

The red wines

The Dôle is the undisputed king of the Valais vineyards. It was developed out of the Gamay and Pinot Noir. The wine becomes all the more interesting if it includes a modest amount of Diolinoir and Cornalin. The

Die Rotweine
Der Dôle ist der unbestrittene König in den Walliser Rebbergen. Entstanden ist er aus den Sorten Gamay und Pinot Noir. Noch interessanter wird der Wein, wenn er in maßvoller Menge Diolinoir und Cornalin enthält. Der Dôle passt bestens zu gebratenem Geflügel, grilliertem Fleisch, geschmortem Rindsbraten und Hartkäse.
Der rubinrote Pinot Noir hat eine blumige, fruchtige Note (Erd-

La ronde des rouges
La dôle est reine en son terroir valaisan. Le fruité du gamay et la complexité racée du pinot noir lui ont donné naissance. Elle gagne encore en complexité, lorsqu'elle s'amourache, en faible proportion autorisée, de cépages éléves en Valais tels le diolinoir et le cornalin.
Elle accompagne volontiers les volailles rôties, les viandes au gril, le bœuf braisé et les fromages à pâte dure.

Dôle goes perfectly with poultry, grilled meat, roast beef and hard cheese. The ruby Pinot Noir has a flowery, fruity note (strawberry, raspberry, cherry). It is full of character, elegant and filigree at the same time. It goes best with delicious veal. The Gamay is of a nice fruity intensity, it contains tanning agents, is strong and tasty, if it was matured with clear principals. It is often served with roasts.

beere, Himbeere, Kirsche). Er ist charaktervoll, elegant und gleichzeitig filigran. Er passt bestens zu delikatem Kalbfleisch.
Der Gamay ist von schöner fruchtiger Intensität, er enthält Gerbstoffe, ist kräftig und würzig, wenn er nach klaren Prinzipien gereift ist. Er ist gerne Begleiter von Schmorgerichten.
Der Cornalin ist fruchtig und wuchtig, ideal zu Ragouts und Alpkäse.
Auch der rote Humagne zeichnet sich durch Fruchtigkeit und Würzigkeit aus, ein idealer Wein zur Jagdzeit.
Der Syrah gewinnt mit dem Alter an Kraft. Er entführt uns in das Land der Gewürze, mit Noten von Brombeeren und Heidelbeeren. Der Wein ist ideal zu rotem Fleisch und Wild.

Le pinot noir, de couleur rubis, se caractérise par des notes florales et fruitées (fraise, framboise, cerise). Il est racé, élégant, tout en dentelle pour les plus grands. La délicatesse du veau lui sied à merveille.
Le gamay est de belle intensité aromatique fruitée. Il sait être structuré, tannique, puissant, merveilleux de complexité épicée lorsqu'il est élevé avec grande rigueur. Les plats braisés sont ses compagnons préférés.
Le cornalin est tout en fruits et en puissance, idéal avec les ragoûts et les fromages d'alpage.
Un vin qui respire les fruits et les épices, c'est l'humagne rouge, le vin rêvé en période de chasse.
La syrah révèle sa puissance dans un jardin d'épices, qui apprécie

The Cornalin is fruity and forceful, ideal with stews and alpine cheese.
The red Humagne also distinguishes itself by its fruitiness and spiciness, an ideal wine at the time of the hunting season.
The Syrah gains strength with age. It entices us into the land of spices, with notes of blackberries and blueberries. This wine is ideal with red meat and venison.
Slightly less chiselled wines are the Diolinoir, Cabernet franc, Cabernet sauvignon, Ancelotta, Merlot, Nebbiolo, Gamaret, Garanoir, Tannat, Eyholzer; the last one especially as Spätlese.

Zu den weniger «kantigen» Sorten zählen Diolinoir, Cabernet sauvignon, Cabernet franc, Ancelotta, Merlot, Nebbiolo, Gamaret, Garanoir, Tannat, Eyholzer; letzterer speziell als Spätlese.

Reichtum der Armut

Vorbei sind die Zeiten, in denen die Walliser Weine nur zum Aperitif und eventuell noch zum rustikalen Zvieri gut waren.
Die Vielzahl von Rebsorten und deren Qualität ist so breit gefächert, dass sie zu den raffiniertesten Kombinationen und für alle Gänge einer Mahlzeit verwendet werden können.
Das hat nicht nur mit der Weinqualität zu tun, sondern auch mit der Entwicklung des kulinarischen Bewusstseins im Wallis. Ohne auf traditionelle Speisen wie das Trockenfleisch und das Raclette zu verzichten, haben die Küchenchefs im Nobelhotel und in der Berghütte die Lebensmittelvielfalt in den Mittelpunkt gestellt.
Der Reichtum ist der Armut des Kantons und seiner Bevölkerung entsprungen. Es ist noch nicht allzu lange her, dass die Walliser genügsam mit wenigen Rezepten, so viele an der Zahl, wie es Seitentäler gibt, lebten.
Der Gastronomiejournalist Pierre Thomas hat die wichtigsten traditionellen Walliser Rezepte gesammelt. Er hat sie «Gerichte genannt, die Mundart sprechen». Zitat: «Das Leben in den

les saveurs de la mûre, de la myrtille et du cassis. Les viandes rouges et le gibier à poil, notamment, sont ses compagnons de table.
Autres cépages plus confidentiels, le diolinoir, le cabernet sauvignon, le cabernet franc, l'ancelotta, le merlot, le nebbiolo, le gamaret, le garanoir, le tannat, l'eyholzer, ce dernier particulièrement attractif en version surmaturée.

Riche de sa pauvreté

Fini le temps où les vins du Valais n'étaient servis qu'à l'apéritif ou avec un casse-croûte rustique. La gamme des cépages et leurs qualités intrinsèques sont si étendues qu'elles permettent jusqu'aux connivences les plus subtiles tout le temps que dure un repas. Mais cette osmose nouvelle n'est pas due à la seule qualité des vins. Elle trouve aussi son origine dans cette prise de conscience culinaire valaisanne qui, sans renoncer aux plats traditionnels, a incité les chefs, du restaurant le plus huppé au refuge d'altitude, à mettre en valeur les richesses du terroir valaisan.
Ces richesses sont nées de la pauvreté du Valais et de ses populations. Dans des temps pas encore trop reculés, le Valais vivait frugalement, selon des recettes aussi variées qu'il y a de vallées latérales.
«Des plats qui parlent le patois», comme l'écrit le journaliste gastronomique Pierre Thomas,

The wealth of the poor

Gone are the days when the Valais wines where only good enough for an aperitif or perhaps for a rustic snack in the afternoon.
The multitude of grape varieties and their quality are so widely diversified, that they can be used in the most refined combinations and for all courses of a meal. That not only has to do with the quality of the wines, but also with the development of the culinary consciousness in the Valais. Without renouncing the traditional dishes, such as dried meat and raclette, the chefs of the posh hotels to those in the alpine lodges have once more directed their focus to the wealth of those foods.
This wealth has sprung from the poverty of the canton and its population. Not long ago the Valais population lived a frugal life with few recipes, as few as there are tributary valleys.
The journalist for gastronomy, Pierre Thomas, has collected the most important Valais recipes. He called them «dishes that speak the local dialect». Translated this could mean: «Life in the mountains was tough and meat would have been eaten only on Sundays at the most. For lunch there was soup as a rule, e.g. a potato-, rice-, bean-, barley- or flour-soup, and for supper cheese and bread. On Sundays stews where served

Bergen war rau und Fleisch wurde höchstens am Sonntag gegessen. Am Mittag gab es in der Regel eine Suppe, etwa eine Kartoffel-, Reis-, Bohnen-, Gersten- oder Mehlsuppe, zum Abendessen Käse und Brot. Am Sonntag gab es Eintopfgerichte, etwa den Pot-au-feu «valaisan», «Tsarfion» im Val d'Hérens (gefüllter Kabis), «Fartsouniri» (die Zutaten werden in einem Hanftuch gekocht, so dass sie vor dem Essen aus dem Sud gezogen werden können) oder das «Gsottus» im Oberwallis, ein Siedfleischeintopf mit Trockenfleisch oder gesalzenem Fleisch. Im Val d'Anniviers serviert man «Tsarkolèt», ein Kalbsragout im Weißwein gekocht, und im Val de Bagnes ist es die Polenta oder der Maisgratin. Andernorts mischt man Kartoffeln, Makkaroni und Zwiebeln und nennt es «Macarong tsila», eine Art «Cougenaze» (entspricht etwa einem «Geköch» und bedeutet einen Mix von verschiedenen Zutaten). In Savièse gibt es «Keneflé», einen Mix aus Kartoffeln und Teigwaren. Im gleichen Ort serviert man zum Nachtisch «Sii», das ist mit Rotwein getränktes altes Roggenbrot, das ausgedrückt und mit trockenen Weinbeeren ergänzt und mit Holundersirup gesüßt wird. Das Ganze wird in Butter erwärmt und mit Schlagrahm serviert.»

qui a recensé les principaux plats du Valais d'autrefois. Je le cite: «La vie à la montagne était fruste et on ne mangeait de la viande guère que le dimanche. Les soupes de pommes de terre, de riz, de fèves, à l'orge, à la farine, constituaient l'ordinaire à midi; le pain et le fromage, le repas du soir. Le dimanche, les potées sont servies du Bas au Haut-Valais: en pot-au-feu «valaisan», en «tsarfion» du Val d'Hérens (chou farci), en «fartsouniri» (une toile de chanvre qui permet de retenir les ingrédients dans la marmite et de les sortir comme on extrait le fromage de la chaudière) ou, dans le Haut-Valais, en «Gsottus», un bouilli de viandes séchées ou salées. Dans le Val d'Anniviers, on sert le «tsarkolèt», un ragoût de veau mijoté au vin blanc, et dans le val de Bagnes, la polenta ou le gratin de maïs. Ailleurs, on mélange des pommes de terre, des macaronis et des oignons, c'est le «macarong tsila» sorte de «cougenaze» ou cuisinage (mélange de plusieurs ingrédients). A Savièse, on fait des pâtes de blé, les «keneflé», servis avec des pommes de terre. Au dessert, le «sii» saviésan, «pain perdu» de seigle rassis, mouillé au vin rouge, puis pressé, enrichi de raisins secs, de sirop de sureau, puis chauffé au beurre et servi avec de la crème fraîche.»

throughout the canton, e.g. Pot-au-feu «valaisan» (stew), «Tsarfion» in the valley of d'Hérens (stuffed cabbage), «Fartsouniri» (the ingredients are cooked in a hemp towel, so that they can be pulled out of the broth after cooking) or the «Gsottus» in the Upper Valais, a stew with dried meat or cured meat. In the valley of d'Anniviers «Tsarkolèt», a veal stew cooked in white wine and in Val de Bagnes polenta (corn dish) or corn au gratin is served.
In other places one mixes potatoes, macaroni and onions and calls it «Macarong tsila», a type of «Cougenaze» (means something like «stir up» and means a mix of various ingredients). In Savièse there is «Keneflé», a mixture of potatoes and pasta. In the same village «Sii» is served as dessert, which is made with old rye bread soaked in red wine and raisins and sweetened with elder syrup. Then it is fried in butter and served with whipped cream.»

Cheese in the centre of attention

For the Valais population cheese is a main dish, such as raclette which can finally be sold under the label of «AOC Raclette du Valais».
But Pierre Thomas stresses: «There is not only raclette. When the cheese is older than twelve months, it is served planed (Hobelkäse). In Val d'Illiez it is a part of the «Soupe au plat»,

anonymen Küchenchefs in Berghütten, Berggasthäusern und Quartierbeizen sowie die Mütter am Kochherd, die seit Generationen das kulinarische Erbe verteidigen.

Das Land der Kontraste

Das Wallis verfügt über einen traumhaften Nutzgarten. Aprikosen, Himbeeren und Erdbeeren werden mit Wein kombiniert, zu Mousse verarbeitet, als Gratin im Ofen überbacken, für Backwaren verwendet, oft begleitet vom flüssigen Gold aus den Trauben des letzten Herbstes oder Winters. Beim Gemüse hat der Spargel eine Vorrangstellung, will man mit ihm doch den Johannisberg fördern; auch die umgekehrte Version hat

Et puis tous les autres, les anonymes des refuges et auberges de montagne, des bistrots de quartiers, et toutes ces mamans qui ont grandement contribué à sauvegarder la richesse du patrimoine culinaire valaisan.

Riche de ses contrastes

Le Valais, pays de contrastes entre plaine et montagne, règne sur un jardin fabuleux. L'abricot, la framboise, la fraise, au vin, au four, en mousse, en gâteau, en flan, en gratin, flambés, peu importe, ils sont sublimes avec l'or liquide né des raisins de l'arrière automne ou de l'hiver. Dans son jardin, le Valais privilégie l'asperge pour magnifier le johannisberg et

Fritz Balestra, Roland Pierroz, Irma Dütsch, Jean-Maurice Joris, Martial Braendle, Didier de Courten. And all the other anonymous chefs in the mountain cabins, mountain lodges, the inns and the mothers at their hearth, who defended the culinary legacy during generations.

The land of contrasts

The Valais has a fabulous fruit and vegetable garden. Apricots, raspberries and strawberries are combined with wine, transformed to mousse, as a gratin in the oven, for pastries, often accompanied with the golden juice of the grapes from last autumn or winter. With the vegetables, the

ihre Gültigkeit. Die Tomate wartet auf den Gamay, der Stielmangold (Krautstiele) flirtet mit dem Hermitage, der Lauch mit dem Fendant.
Das Wallis ist ein Land der Kontraste zwischen Berg und Tal, es hat Weiden und Alpweiden, die so saftig und aromatisch sind, dass man hier sehr wohl hätte den Käse erfinden können. Ob Käse aus der Molkerei oder von der Alp, ob aus Kuh-, Ziegen- oder Schafmilch, für den Walliser Käse erweist sich die große Vielfalt der Flora als Glücksfall. Das aus Rohmilch hergestellte Spitzenprodukt des ursprünglichen Wallis wird von den Spezialisten der guten Tafel innovativ eingesetzt.

le contraire est aussi vrai. La tomate pour suggérer le gamay, la côte de bette pour flirter avec l'ermitage, le poireau pour se jeter dans les bras du fendant.
Le Valais, pays de contrastes entre plaine et montagne, règne sur des prairies et des alpages si riches et si odorants qu'il aurait pu inventer le fromage.
Qu'il soit de laiterie ou d'alpage, de vache, de chèvre ou de brebis, le fromage valaisan vit de la diversité extraordinaire de sa flore. Au lait cru, ce produit par excellence du Valais profond, se laisse volontiers attendrir par l'ingéniosité des artisans du bien manger.

Raclette, est-il délice plus affolant?

A l'audace de la modernité répond aussi la règle de la tradition qui n'est pas devenue règle par hasard, même si le

asparagus has the leading position, because with it one aims to promote the Johannisberg; the variation vice versa is also valid. The tomato is waiting for the Gamay, the chard is flirting with the Hermitage and the leek with the Fendant.
The Valais is a land of contrasts between mountain and valley; it has meadows and alpine meadows, which are so juicy and aromatic that it very well could have invented cheese.
Cheese made out of cows-, goat- or sheep-milk; for the Valais farmer the diversity of the flora is a godsend. This premium product from the original Valais made out of raw milk, is used by the chefs with much innovation.

Raclette oder der ultimative Genuss

Der Wagemut zu Neuem ist nur möglich, wenn auf Traditionellem aufgebaut werden kann, auch wenn der Zufall häufig mitspielt. Die Rede ist von der Raclette, dieser zur nationalen Spezialität gewordenen Käsespeise. Lässt sich der Genuss der zur cremigen Konsistenz eines durch die Hitze der Glut geschmolzenen Käses aus Rohmilch überhaupt noch steigern? Ein Aroma, das dank der Umwandlung durch einen friedlichen Wiederkäuer und dem beruflichen Können des Menschen nicht zu übertreffen ist. Es wurden zwar neue Produkte mit pasteurisierter Milch als Ersatz kreiert. Deren Namen erinnern zwar im Entferntesten noch an das Wallis, doch die Freude und Erfüllung stellen sich beim Genuss nicht richtig ein. Vergessen wir das und genießen wir das Produkt der Alp mit dem König der Walliser Weine, dem Fendant, der seine Nobilität wiedergefunden hat.

hasard lui a donné naissance. C'est la raclette, ce plat devenu national. Est-il délice plus affolant que de savourer l'onctuosité d'un fromage au lait cru fondu à la chaleur du brasier! Rendant au centuple les promesses de la terre transformées par la grâce d'un ruminant pacifique et le savoir-faire de l'homme. Des ersatz ont été imaginés, au lait pasteurisé, avec des noms qui n'ont de valaisan qu'une consonance lointaine, mais plaisir et plénitude ne s'en accommodent guère. Oublions-les et dégustons l'alpage en compagnie du roi, le fendant, qui a retrouvé ses lettres de noblesse.

Et puisque le Valais bénéficie maintenant de «l'AOC Raclette du Valais», il n'y a plus de raison de se laisser refiler des ersatz de fromage à …racler.

Raclette or the ultimate enjoyment

The daringness for novelties is only possible if one can build on tradition, even when coincidence often comes in. The talk is about raclette, this cheese dish that has become the national speciality. Is there anything better than this cheese made from raw milk with its smooth texture melted by the heat of the blaze? An aroma which cannot be surpassed, thanks to a peaceful ruminant and the skills of human being. There have been new products with pasteurised milk as substitute. Their names still faintly remind of the Valais, but the joy and the fulfilment don't really occur when tasting them. Let's forget them and enjoy the product of the Alps with the king of the Valais wines, the Fendant, which has once more regained its nobility.

Und weil das Wallis nun seine «AOC Raclette du Valais» besitzt, gibt es keinen Grund mehr, sich durch Ersatzprodukte ein X für ein U vormachen zu lassen.

In Harmonie mit der Natur

Das Wallis, das Land der Kontraste zwischen Berg und Tal, besitzt viel unberührte Landschaft, die auch dem Wild zugute kommt. Das freut auch die Wanderer und die Jäger. Herbstzeit ist auch Wildzeit. Die Gewalt der Berge und die Kraft der wilden Natur haben in dieser Delikatesse ihre kulinairschen Spuren hinterlassen. Es sind die gleichen Naturkräfte, von der auch der rote Humagne, der Cornalin und der Syrah profitieren, die bestens zu Reh und Gämse passen.

En communion avec la nature

Le Valais, pays de contrastes entre plaine et montage, règne sur des espaces de liberté propices au gibier, qui font le bonheur des promeneurs et des veneurs.
Bel automne, tu unis la puissance sauvage des cimes, la force goûteuse de la vie au grand air et la délicatesse des fourneaux. Et cette mêne force sauvage anime humage rouge, cornalin et syrah, qui épousent la grâce du chevreuil et la finesse du chamois.

And because the Valais now owns its «AOC Raclette du Valais», there is no more reason to pull the wool over our eyes with substitute products.

In harmony with nature

The Valais, the land of contrast between mountain and valley has many untouched landscapes that venison can benefit from. That pleases both the hiker and the huntsman.
Autumn is the time for venison. The ferocity of the mountains and the force of wild nature have left their mark on this delicacy. These are the same forces in nature from which the red Humagne, the Cornalin and the Syrah, which suit the venison specialities best, can benefit as well.

REZEPTE
RECETTES
RECIPES

KLARE RANDENBRÜHE MIT RANDENCHIPS UND SAASER HAUSWÜRSTEN

Randenchips

gekochte Randen/ Rote Beten
Olivenöl
Salz
frisch gemahlener Pfeffer

1. Randen schälen und von Hand oder mit Maschine quer in möglichst feine Scheiben schneiden, auf ein mit Backpapier belegtes Blech legen. Mit Salz und Pfeffer würzen, mit wenig Olivenöl bepinseln.

2. Randenchips im Backofen bei 60 °C etwa 60 Minuten trocknen lassen.

Klare Randenbrühe

1 dl/100 ml Randen-/ Rote-Bete-Saft
8 dl/800 ml Gemüsebrühe
80 g gekochte Randen-/ Rote-Bete-Würfelchen
Kräutersalz

Alle Zutaten aufkochen, mit Kräutersalz würzen.

Hauswürste Die Wurst in der Mitte enthält Randen, was ihr eine intensiv rote Farbe gibt.

CONSOMMÉ DE BETTERAVES ROUGES AVEC CHIPS DE BETTERAVES ROUGES ET SAUCISSES DE SAAS-FEE

chips de betteraves rouges

betteraves rouges cuites
huile d'olive
sel
poivre noir du moulin

1. Peler les betteraves rouges et les débiter en tranches le plus fin possible, à la main ou à la machine. Déposer les tranches sur une plaque recouverte de papier sulfurisé, les saler, les poivrer et les badigeonner d'un peu d'huile d'olive.

2. Faire sécher les chips au four, 60 minutes à 60 °C.

consommé de betteraves rouges

1 dl de jus de betteraves rouges
8 dl de bouillon de légumes
80 g de betteraves cuites en petits dés
sel aromatisé

Porter tous les ingrédients à ébullition et assaisonner avec le sel aromatisé.

La saucisse de Saas-Fee contient des betteraves rouges, ce qui lui donne une couleur intense.

CLEAR BEETROOT CONSOMMÉ WITH BEETROOT CRISPS AND TYPICAL SAAS-FEE HOMEMADE SAUSAGES

Beetroot crisps

Cooked beetroot
Olive oil
Salt
Freshly ground pepper

1. Peal the beetroot and cut by hand or with the machine into as thin a slices as possible, place on a baking tin covered with a baking paper. Season beetroot slices with salt and pepper and brush with a little olive oil.

2. Let the beetroot crisps dry in the oven at 60 °C for about 1 hour.

Clear beetroot consommé

100 ml beetroot juice
800 ml vegetable stock
80 g boiled and diced beetroot
Herbal salt

Bring to the boil all the ingredients, season with herbal salt.

Homemade sausages The sausage in the middle contains beetroot which gives it an intensive red colour.

CHAMOSON-FENDANT-SUPPE MIT KÄSE

4 dl/400 ml Hühnerbrühe
2 dl/200 ml Fendant
2 dl/200 ml Rahm/Sahne
60 g Walliser Bergkäse, klein gewürfelt
evtl. Maisstärke zum Binden
Salz
frisch gemahlener weißer Pfeffer

Die Hühnerbrühe aufkochen, Fendant und Rahm zugeben, unter Rühren erhitzen, Bergkäsewürfelchen unterrühren und schmelzen, wenn nötig mit ein wenig Maisstärke binden, mit Salz und Pfeffer würzen.

Tipp Mit getoastetem Brot servieren.

SOUPE DE CHAMOSON AU FENDANT ET FROMAGE

4 dl de bouillon de volaille
2 dl de fendant
2 dl de crème
60 g de fromage d'alpage en petits dés
év. fécule pour lier
sel
poivre blanc du moulin

Porter le bouillon de volaille à ébullition, ajouter la crème et le fendant et chauffer en remuant. Incorporer le fromage d'alpage et le faire fondre en remuant. Si nécessaire, ajouter un peu de fécule, saler et poivrer.

Conseil Servir avec des croûtons.

CHAMOSON FENDANT SOUP WITH CHEESE

400 ml chicken broth
200 ml Fendant
200 ml cream
60 g mountain cheese from the Valais, diced
If needed, some corn starch to thicken
Salt
Freshly ground white pepper

Bring to the boil the chicken broth, add the Fendant and cream, reheat while stirring, stir in the mountain cheese and let it melt, if needed thicken with a little corn starch, season with salt and pepper.

Tip Serve with toasted bread.

TOMATENSUPPE MIT KRÄUTERN

2 EL Olivenöl
50 g Zwiebeln, fein gewürfelt
1 Msp durchgepresster Knoblauch
1 EL Tomatenmark/-püree
500 g reife Tomaten, Stielansatz ausgestochen, gewürfelt
gehackte Kräuter nach Belieben
4 dl/400 ml Gemüsebrühe
20 ml Génépischnaps oder Kräuter nach Belieben, z. B. Petersilie, Basilikum
Salz
frisch gemahlener Pfeffer

1. Zwiebeln im Olivenöl andünsten, Knoblauch und Tomatenmark kurz mitdünsten, Tomaten und Kräuter beifügen, mit der Gemüsebrühe ablöschen, aufkochen, Suppe 10 bis 15 Minuten köcheln lassen.

2. Die Tomatensuppe mit dem Stabmixer fein pürieren. Abschmecken mit Génépischnaps, Salz und Pfeffer.

CRÈME DE TOMATES AU GÉNÉPI

2 cs d'huile d'olive
50 g d'oignons finement hachés
1 pc d'ail pressé
1 cs de purée de tomates
500 g de tomates mûres en petits dés
bouquet de fines herbes hachées
4 dl de bouillon de légumes
20 ml d'eau de vie de Génépi ou herbes condimentaires, persil, basilic, etc.
sel
poivre noir du moulin

1. Faire revenir les oignons dans l'huile d'olive, ajouter l'ail et la purée de tomates, puis les tomates et les fines herbes; déglacer avec le bouillon de légumes. Porter à ébullition et laisser mijoter 10 à 15 minutes.

2. Mixer finement les tomates et ajouter le Génépi, sel et poivre.

TOMATO SOUP WITH HERBS

2 tbsp olive oil
50 g onions, finely diced
1 pinch pressed garlic
1 tbsp tomato puree
500 g ripe tomatoes, cut out shaft of tomatoes, diced
Chopped herbs as of choice
400 ml vegetable broth
20 ml Génépi liqueur or herbs at discretion, e.g. parsley, basil
Salt
Freshly ground pepper

1. Fry the onions in olive oil, add the garlic and tomato puree and fry shortly, add tomatoes and herbs, stir in the vegetable broth, bring to the boil, let simmer for 10 to 15 minutes.

2. Puree the tomato soup with the hand blender. Season with Génépi, salt and pepper.

SAIBLINGTATAR MIT ROGEN

350 g Saiblingfilets ohne Haut
Salz
frisch gemahlener weißer Pfeffer
Tabascosauce
2 Eigelbe, mit wenig Fendant glattgerührt
1 kleine Schalotte, fein gewürfelt

40 g Forellenrogen
Dill

1. Die Saiblingfilets klein würfeln (Brunoise), würzen mit Salz, Pfeffer und Tabascosauce, die Hälfte des Eigelbs und die Schalotten untermischen.

2. Jeweils einen Ausstecher von 6 cm Durchmesser auf einen flachen Teller legen, einen Viertel des Fischtatars einfüllen und flach drücken, Ring entfernen, Tatar mit den Forelleneiern bedecken, mit Dill garnieren, mit dem restlichen Eigelb umgeben.

Tipp Mit Toast servieren.

TARTARE DE TRUITE DU LAC ET SA ROGUE

350 g de filets de truite sans peau
sel
sauce Tabasco
poivre blanc du moulin
2 jaunes d'œufs mélangés à un peu de fendant
1 petite échalote finement hachée

40 g de rogue (œufs) de truite
aneth

1. Couper en petits dés (brunoise) les filets de truite, les assaisonner avec sel, poivre et Tabasco et incorporer la moitié des jaunes d'œufs et de l'échalote.

2. Déposer un emporte-pièce de 6 cm de diamètre sur chacune des assiettes et y déposer chaque fois ¼ du tartare de poisson et le presser. Retirer l'emporte-pièce, recouvrir le tartare de rogue, décorer avec de l'aneth et verser le reste des jaunes d'œufs autour.

Conseil Servir avec des toasts.

CHAR TARTAR WITH ROE

350 g filets of char without the skin
Salt
Freshly ground white pepper
Tabasco sauce
2 egg yolks, stir smooth with a little Fendant
1 small shallot, finely diced

40 g roe of trout
Dill

1. Dice the char filets (Brunoise), season with salt, Tabasco sauce and pepper, blend in half the egg yolk and the shallots.

2. Place mould of 6 cm diameter on a flat plate, fill with one quarter of the fish tartare and press it flat, remove the ring, cover the tartar with the trout roe, garnish with dill, brush with the rest of egg yolk.

Tip Serve with toast.

KARTOFFEL-KÄSE-KUCHEN

Form von 21 cm Durchmesser

400 g Kuchenteig
150 g fest kochende Kartoffeln
70 g Räucherspeck, gewürfelt
100 g Lauch, gewürfelt
250 g reifer Raclettekäse, in feinen Scheiben
1 Eigelb, mit wenig Rahm/Sahne verrührt
Salz, Pfeffer, Muskatnuss

1. Kartoffeln schälen, in 5 mm dicke Scheiben schneiden. Im Dampf blanchieren.
2. Teig halbieren, eine Hälfte 3 mm dick ausrollen, in die eingefettete Form legen. Kartoffeln mit Salz, Pfeffer und Muskatnuss würzen, in die Form legen. Speck in der Bratpfanne knusprig braten, Lauch zugeben und dünsten, auf die Kartoffeln verteilen. Mit dem Käse bedecken. Restlichen Teig auf Formgröße ausrollen. Rand des Teigbodens mit etwas Eigelb bestreichen, Teigdeckel darauflegen, mit dem Rand gut verschließen. In den Deckel ein kleines Loch stechen (damit der Dampf entweichen kann). Deckel mit Eigelb bepinseln.
3. Kartoffel-Käse-Kuchen auf der zweituntersten Schiene in den vorgeheizten Backofen schieben, bei 180 °C 30 Minuten backen.

TARTE SAVIÈSANNE

pour une plaque de 21 cm de diamètre

400 g de pâte à gâteau brisée
150 g de pommes de terre à chair ferme
70 g de lard fumé coupé en petits dés
100 g de poireaux (sans feuilles extérieures) coupés en petits dés
250 g de fromage à raclette bien fait en fines tranches
1 jaune d'œuf mélangé à un peu de crème
sel, poivre noir du moulin, noix de muscade

1. Peler les pommes de terre, les couper en tranches de 5 mm et les blanchir à la vapeur.
2. Abaisser la moitié de la pâte à 3 mm d'épaisseur et la déposer sur la plaque bien beurrée. Assaisonner les pommes de terre avec sel, poivre et noix de muscade, les deposer sur la pâte. Rôtir les lardons dans une poêle, ajouter les poireaux et les étuver. Répartir le tout sur les pommes de terre. Recouvrir avec les tranches de fromage. Abaisser le reste de la pâte pour en recouvrir la tarte. Bien presser le bord. Faire un trou rond au milieu du couvercle pour permettre l'évacuation de la vapeur. Badigeonner le couvercle de jaune d'œuf.
3. Faire cuire la tarte à la deuxième rainure du bas, 30 minutes à 180 °C au four préchauffé.

POTATOES-CHEESE-PIE

spring form of 21 cm diameter

400 g pastry
150 g firm cooking potatoes
70 g smoked bacon, diced
100 g leeks, diced
250 g ripe raclette cheese, in fine slices
1 egg yolk, mixed with a little cream
Salt, freshly ground pepper, Nutmeg

1. Peel the potatoes and cut into slices of 5 mm. Blanch in steam.
2. Divide pastry into two portions, roll out one half about 3 mm thick and place in the buttered dish. Season the blanched potato slices with salt, pepper and nutmeg, distribute thinly on the bottom. Fry the bacon in a frying pan until crispy, add the leeks and cook until soft, distribute over the potatoes. Cover with the raclette cheese. Roll out the remaining dough to the size of the dish. Brush the rim of the pastry with a little egg yolk. Place the lid on the dish and close it with the edge, press together well. Cut out a small hole in the middle of the lid, so that the steam can escape during baking. Brush the whole pastry lid with egg yolk.
3. Place potatoes-cheese-pie in the preheated oven on the second lowest grid and bake at 180 °C for 30 minutes.

CHOLERA

Springform von 24 cm Durchmesser

200 g Weißmehl/Mehl Type 405
½ TL Salz, 75 g Schweineschmalz
5–6 EL Wasser

1 EL Butter, 500 g Lauch
½ dl/50 ml Wasser, ¼ TL Salz
300 g Walliser Bergkäse, auf der Röstiraffel gerieben
500 g gekochte Schalenkartoffeln vom Vortag, geschält, in Scheiben
Salz, Pfeffer, Muskatnuss
3 Äpfel, geschält, in Schnitzen

1. Mehl und Salz mischen, Schmalzstückchen mit dem Mehl krümelig reiben, Wasser zugeben, zusammenfügen. Teig zugedeckt 1 Stunde kühl stellen.

2. Grobfasrige Lauchteile entfernen. Stangen in Streifen schneiden, in der Butter knackig dünsten. Abkühlen lassen.

3. Teig 2 mm dick ausrollen, in die eingefettete Form legen, Rand hochziehen, überlappenden Teig nach innen legen. Zutaten lagenweise einfüllen, am Schluss verbleibende Äpfel und Kartoffeln ziegelartig darauflegen. 1 EL Butter schmelzen, Äpfel und Kartoffeln damit bestreichen.

4. Cholera auf unterster Schiene in den auf 200 °C vorgeheizten Ofen schieben, rund 40 Minuten backen.

TOURTE AUX LÉGUMES

pour un moule à charnière de 24 cm de diamètre

200 g de farine blanche
½ cc de sel, 75 g de saindoux
5–6 cs d'eau

1 cs de beurre, 500 g de poireaux
½ dl d'eau, ¼ cc de sel
300 g de fromage d'alpage du Valais râpé grossièrement
500 g de pommes à la vapeur cuites la veille, pelées, en tranches
sel, poivre, noix de muscade
3 pommes, pelées, en tranches

1. Mélanger farine et sel, ajouter le saindoux par portions en le frottant entre les doigts avec de la farine. Incorporer l'eau et former une pâte, l'emballer, placer 1 heure au réfrigérateur.

2. Retirer les feuilles dures du poireau, débiter les tiges en lanières. Les faire revenir dans le beurre. Laisser refroidir.

3. Abaisser la pâte à 2 mm, la déposer dans le moule bien graissé. Faire remonter la pâte contre le bord et rabattre vers l'intérieur la pâte qui dépasse. Déposer les ingrédients dans le moule par couches en terminant par une couche alternant tranches de pommes et de pommes de terre disposées en éventail. Faire fondre 1 cs de beurre, en badigeonner les pommes et les pommes de terre.

4. Faire cuire la tourte sur la rainure du bas, environ 40 minutes à 200 °C au four préchauffé.

CHOLERA – VEGETABLE PIE

Spring form of 24 cm diameter

200 g white flour, ½ ts salt,
75 g lard, 5–6 tbsp water

1 tbsp butter, 500 g leeks
50 ml water, ¼ ts salt
300 g Valais mountain cheese, grated with the Rösti grater
500 g cooked potatoes in their peels from the day before, peeled, sliced; Salt, Pepper, Nutmeg
3 apples, peeled and sliced

1. Mix the flour with the salt, add small pieces of lard and shorten with the flour, add water and knead to pastry, place in cool place for 1 hour.

2. Remove the coarse-grained parts of the leeks, cut leek stalks in stripes. Fry the leek in butter until firm. Let cool.

3. Roll out the dough until about 2 mm thick, place in a greased baking dish, evenly pull up the dough along the sides, fold in the superfluous dough towards the inside. Fill the ingredients into the dish in layers; arrange the remaining apples and potatoes in shingles on the top. Melt 1 tbsp of butter, brush apples and potatoes with it.

4. Shove the baking dish in the lowest rill in the preaheated oven and bake the Cholera at 200 °C for around 40 minutes. Put the baking dish on a cake grid, let cool for a few minutes. Take Cholera from the base.

KÄSESCHNITTE MIT TOMATEN UND POCHIERTEM EI

4 Scheiben Brot
20 g Butter
½ dl/50 ml Rahm/Sahne
½ dl/50 ml Fendant
400 g Raclettekäse, in dünnen Scheiben
2 Fleischtomaten
4 Eier
schwaches Essigwasser
Salz
frisch gemahlener Pfeffer

1. Für die pochierten Eier das Essigwasser aufkochen, die Eier einzeln in eine Tasse aufschlagen und in das kochende Wasser gleiten lassen, etwa 3 Minuten pochieren. Mit einem Schaumlöffel herausnehmen und warm stellen.

2. Stielansatz der Tomaten ausstechen, jede Tomate in je 4 große Scheiben schneiden.

3. Die Brotscheiben in der Bratpfanne in der Butter leicht bräunen, auf feuerfeste Teller legen. Rahm und Weißwein verrühren, die Hälfte über das Brot träufeln. Käse und Tomaten darauflegen, unter dem Salamander oder im Ofen bei starker Oberhitze überbacken. Je ein pochiertes Ei darauflegen, restliche Rahm-Wein-Mischung darüberträufeln, mit Salz und Pfeffer würzen. Heiß servieren.

CROÛTE AU FROMAGE AVEC TOMATES ET ŒUF POCHÉ

4 tranches de pain
20 g de beurre
½ dl de crème
½ dl de fendant
400 g de fromage à raclette en fines tranches
2 tomates charnues
4 œufs
eau acidulée (avec un peu de vinaigre)
sel
poivre noir du moulin

1. Pour les œufs pochés, porter à ébullition l'eau vinaigrée, casser séparément chaque œuf dans une assiette et le faire glisser dans l'eau bouillante. Faire pocher les œufs durant 3 minutes et les retirer avec une écumoire.

2. Débiter chaque tomate en 4 tranches.

3. Dorer les tranches de pain dans le beurre, les déposer sur des assiettes thermo-résistantes. Mélanger vin et crème et napper les tranches de pain avec la moitié du liquide. Déposer les tranches de fromage et de tomate, faire gratiner au four à forte chaleur supérieure. Déposer les œufs sur les croûtes et asperger avec le reste de mélange crème/vin. Saler et poivrer et servir chaud.

CROÛTE AU FROMAGE WITH TOMATOES AND POACHED EGG

4 slices of bread
20 g butter
50 ml cream
50 ml Fendant
400 g Raclette cheese, in thin slices
2 beef tomatoes
4 eggs
Weak vinegar water
Salt
Freshly ground pepper

1. Boil the vinegar-water for the poached eggs, open the eggs separately in a cup and let slide carefully into the boiling water, let poach for around 3 minutes. Take out with a skimmer, place in a warm oven.

2. Scoop out the shaft of the tomatoes in a circle, cut tomatoes in 4 large slices each.

3. Fry the bread slices in butter in a frying pan, place on a heatproof plate. Mix the cream with the white wine, sprinkle half of it over the bread slices. Place raclette cheese and tomato slices over them, scallop in the grill. Arrange poached egg on top, sprinkle with the remaining cream and white wine mixture, season with salt and pepper. Serve hot.

MUNDE
NUDELI

Nudelteig
250 g Har
250 g We
15 g Salz,
2 dl/200 r
30 Safran
1 Msp Saf

Safransau
12 gelbe C
30 Safran
1½ dl/150
½ dl/50 m
½ dl/50 m
2 EL Saue

1. Fü
fäden und
einweiche
einer Schü
gelb unter
Safranwas
festen, gla
Teig in Kla
einige Stu
ruhen lass
rollen, Nu
2. To
im Ofen b
Safranfäd
brühe ein
auf die Hä
Gemüse-S
mit Rahm
binden.
3. Nu
al dente k
mit Safra
Salz und F
anrichten,
garnieren.

ROLLGERSTOTTO MIT KRÄUTERSEITLINGEN UND VERJUS

2 EL Olivenöl
1 kleine Zwiebel, fein gewürfelt
240 g Rollgerste
5 cl Verjus
1 l Gemüsebrühe
½ dl/50 ml Rahm/Sahne
10 g Butter
50 g Trockenfleisch, klein gewürfelt
250 g Kräuterseitlinge
Salz
frisch gemahlener Pfeffer

1. Zwiebeln in 1 Esslöffel Olivenöl andünsten, Rollgerste zugeben und mitdünsten, mit Verjus und ein wenig Gemüsebrühe ablöschen, mit Salz und Pfeffer würzen. Brühe nach und nach zugeben, immer wieder einkochen lassen. Am Schluss den Rahm, dann die Butter in Flocken und das Trockenfleisch unterrühren.

2. Von den Pilzen für die Garnitur 8 schöne Scheiben schneiden, den Rest in kleine Würfel schneiden. Pilzscheiben mit Salz und Pfeffer würzen und im restlichen Olivenöl braten, warm stellen. Die Pilzwürfelchen ebenfalls braten, unter den Gerstotto rühren.

3. Gerstotto anrichten. Mit den Pilzscheiben garnieren.

Tipp Den Gerstotto mit Kräutern garnieren.

ORGE PERLÉ AUX PLEUROTES ET VERJUS

2 cs d'huile d'olive
1 petit oignon finement haché
240 g d'orge perlé
5 cl de verjus
1 l de bouillon de légumes
½ dl de crème
10 g de beurre
50 g de viande séchée en petits cubes
250 g de pleurotes
sel
poivre noir du moulin

1. Faire revenir les oignons avec 1 cs d'huile d'olive, ajouter l'orge et faire revenir encore, verser le verjus et le bouillon de légumes. Saler et poivrer. Ajouter régulièrement du liquide et le laisser s'évaporer. Pour terminer, ajouter la crème et incorporer les flocons de beurre et la viande séchée.

2. Couper les pleurotes en 8 belles tranches, le reste en petits dés. Saler et poivrer les tranches, les faire revenir dans le reste de l'huile, les garder au chaud. Faire revenir brièvement les cubes de pleurotes et les incorporer à l'orge.

3. Disposer l'orge sur les assiettes et décorer avec les tranches de pleurotes.

Conseil Saupoudrer le tout de fines herbes hachées.

PEARL BARLEY RISOTTO WITH HERBED OYSTER MUSHROOM AND VERJUS

2 tbsp olive oil
1 small onion, finely diced
240 g pearl barley
5 cl Verjus
1 l vegetable stock
50 ml cream
10 g butter
50 g dried meat, finely diced
250 g oyster mushrooms
Salt
Freshly ground pepper

1. Fry onions in a tbsp of olive oil, add pearl barley and fry, pour in Verjus and some vegetable broth, season with salt and pepper. Gradually add liquid and let boil down each time. Finally stir in cream, and then the butter in flakes and the dried meat.

2. Cut 8 nice slices out of the mushrooms, dice the rest. Season mushroom slices with salt and pepper, fry in the remaining olive oil, place in a warm oven. Fry diced mushrooms as well and stir into the pearl barley risotto.

3. Arrange the pearl barley risotto on plates and garnish with the mushroom slices.

Tip Sprinkle the risotto with herbs.

GEFÜLLTES WALLISER KALBSSCHNITZEL

8 Kalbsschnitzel, je 60 g
4 Scheiben Rohschinken
4 Scheiben Raclettekäse
20 g Weißmehl
1 Ei, verquirlt
Salz
frisch gemahlener Pfeffer
Bratbutter

10 g Butter
1 kleine Schalotte, fein gewürfelt
120 g Eierschwämmchen/Pfifferlinge
1 dl/100 ml brauner Kalbsfond

1. Je 2 Kalbsschnitzel mit Rohschinken und Raclettekäse füllen, zuerst im Mehl und dann im Ei wenden. In der Bratbutter braten. Warm stellen.

2. Schalotten und Pilze in der Butter sautieren, mit dem Kalbsfond ablöschen. Über die Schnitzel verteilen.

Tipp Mit Spätzli servieren.

ESCALOPE DE VEAU VIEUX VALAIS

8 tranches de veau de 60 g chacune
4 tranches de jambon cru
4 tranches de fromage à raclette
20 g de farine blanche
1 œuf battu
sel
poivre noir du moulin
beurre à frire

10 g de beurre
1 petite échalote finement hachée
120 g de chanterelles/girolles
1 dl de fond de veau brun

1. Mettre les tranches de jambon et de fromage entre 2 tranches de veau, les passer dans la farine puis dans l'œuf et les faire rôtir dans le beurre. Garder au chaud.

2. Poêler les échalotes et les chanterelles dans le beurre et déglacer avec le fond de veau. Répartir sur les escalopes.

Conseil Servir avec des spaetzles.

FILLED CUTLETS OF VEAL VALAIS STYLE

8 cutlets of veal, 60 g each
4 slices of raw ham
4 slices of raclette cheese
20 g white flour
1 egg, whisked
Salt
Freshly ground pepper
Frying-butter

10 g butter
1 small shallot, finely chopped
120 g chanterelles
100 ml brown veal gravy

1. Fill 2 veal cutlets each with raw ham and raclette cheese, turn first in flour and then in the egg. Fry in the frying-butter. Place in a warm oven.

2. Sauté shallots and chanterelles in the butter, add the veal gravy. Distribute over the cutlets.

Tip Serve with Spätzli.

ERINGER RINDSFILET MIT SYRAHSAUCE

Bratbutter
600 g Eringer Rindsfilet
Salz
frisch gemahlener Pfeffer
3 dl/300 ml Walliser Syrahwein
1 TL Zitronenpfeffer
2 ½ dl/250 ml Bratensauce
kalte Butterflocken

4 Portionen knackig gegartes Saisongemüse

200 g Roggennudeln
Butter

1. Den Backofen auf 70 °C vorheizen.

2. Das Rindsfilet mit Salz und Pfeffer würzen, in der Bratbutter ringsum anbraten. Im Ofen bei 70 °C ruhen lassen.

3. Das Bratfett abgießen, Bratsatz mit Syrah ablöschen, auf die Hälfte einkochen lassen, Zitronenpfeffer und Bratensauce beigeben, aufkochen, Sauce passieren, erneut aufkochen, die Bratpfanne von der Wärmequelle nehmen, Sauce mit kalten Butterflocken binden, warm stellen.

4. Die Nudeln in reichlich Salzwasser al dente kochen, abgießen. Nudeln in der Butter schwenken.

5. Rindsfilet portionieren, mit dem Gemüse anrichten.

FILET DE BŒUF DU VAL D'HÉRENS À LA SYRAH

beurre à frire
600 g de filet de bœuf d'Hérens
sel
poivre noir du moulin
3 dl de Syrah du Valais
1 cc de poivre au citron
2 ½ dl de sauce de rôti
flocons de beurre froid

4 portions de légumes de saison étuvés

200 g de nouilles de seigle
beurre

1. Préchauffer le four à 70 °C.

2. Saler et poivrer le filet de bœuf et le rôtir de tous les côtés. Garder au chaud au four à 70 °C.

3. Dégraisser, déglacer avec la Syrah, faire réduire de moitié, ajouter poivre au citron et sauce de rôti, porter à ébullition. Passer la sauce et la porter à ébullition. Retirer du feu, lier la sauce avec les flocons de beurre froid. Garder au chaud.

4. Faire cuire les nouilles de seigle al dente dans une grande quantité d'eau salée. Jeter l'eau et passer les nouilles dans le beurre.

5. Débiter le filet de bœuf en 4 portions et servir avec les légumes.

FILET OF BEEF FROM THE VALLEY OF HÉRENS WITH SYRAH SAUCE

Frying-butter
600 g Filet of beef from the valley of Hérens
Salt
Freshly ground pepper
300 ml Valais Syrah wine
1 tsp Lemon pepper
250 ml gravy
Cold butter flakes

4 Portions of firm, steamed seasonal vegetables

200 g rye noodles
Butter

1. Preheat oven to 70 °C.

2. Season the beef filet with salt and pepper, fry in frying-butter all over. Let rest in oven at 70°C.

3. Pour out the frying-butter, add the Syrah to the remains in the pan, let boil down to half, add lemon pepper and gravy, bring to the boil, strain the sauce, bring to the boil once more, remove frying-pan from stove, bind gravy with butter flakes, place in a warm oven.

4. Cook noodles in plenty of saltwater until al dente, pour out water. Turn in the butter.

5. Divide filets of veal into 4 portions, serve with the vegetables.

GSPONER GSOTTUS

200 g getrocknetes Rindsfleisch
200 g getrocknetes Schweinefleisch
200 g getrocknetes Ziegenfleisch
200 g getrocknetes Schaffleisch
200 g Walliser Hauswurst
3 dl/300 ml Fendant
1 Kräutersträußchen
8 mittelgroße fest kochende Kartoffeln
500 g Weißkabis/-kohl

1. Sämtliches Trockenfleisch 2 bis 3 Tage in kaltem Wasser einweichen.
2. Trockenfleisch, Wurst, Wein und Kräuter in einen Kochtopf geben, mit Wasser gut bedecken, aufkochen, das Fleisch bei schwacher Hitze zugedeckt köcheln, je nach Garzeit die Fleischstücke herausnehmen und warm stellen. Das Fleisch ist gar, wenn es beim Anstechen mit einer Gabel zerfällt.
3. Die Kartoffeln schälen, in der Hälfte Fleischbrühe weichkochen.
4. In der anderen Hälfte der Fleischbrühe in Streifen geschnittenen Weißkabis breiig kochen (es kann auch etwas Risottoreis mitgekocht werden).

Nach Walliserart serviert Zur Vorspeise wird etwas abgeschmeckte Fleischbrühe mit Roggenbrot und Käse serviert. Im zweiten Gang folgen Fleisch, Kartoffeln und Kabis.

POTÉE DE GSPON

200 g de viande de bœuf séchée
200 g de viande de porc séchée
200 g de viande de chèvre séchée
200 g de viande de mouton séchée
200 g de saucisse de ménage valaisanne
3 dl de fendant
1 bouquet d'herbes aromatiques
8 pommes de terre moyennes à chair ferme
500 g de chou blanc

1. Mettre tremper la viande séchée 2 à 3 jours dans de l'eau froide.
2. Disposer la viande séchée, la saucisse, le vin et le bouquet aromatique dans une grande marmite et recouvrir le tout d'eau. Porter à ébullition et faire cuire la viande à feu doux. Selon le temps de cuisson, retirer les morceaux cuits et les garder au chaud. La viande est cuite lorsqu'elle se défait en la piquant avec une fourchette.
3. Peler les pommes de terre et les faire cuire dans la moitié du bouillon de viande.
4. Dans l'autre moitié du bouillon faire cuire le chou coupé en lanières jusqu'à ce qu'il forme une bouillie (on peut aussi ajouter un peu de riz).

Servir à la mode valaisanne On débute avec une assiette de bouillon de viande avec du pain de seigle et du fromage. Ensuite, on sert la viande, les pommes de terre et le chou.

GSOTTUS GSPON STYLE (STEW)

Potée de Gspon

200 g dried beef
200 g dried pork
200 g dried goat meat
200 g dried mutton
200 g Valais homemade sausage
300 ml Fendant
1 herb bouquet
8 medium sized firm cooking potatoes
500 g cabbage

1. Soak the dried meat for 2 to 3 days in cold water.
2. Put the dried meat, sausage, white wine and herb bouquet in a cooking pot, add water so that all the ingredients are well covered, bring to the boil, let meat simmer at low heat with lid on, the cooking time depending on the size of the pieces of meat. The meat is done when the meat falls apart when pricked with a fork.
3. Peel the potatoes and boil until soft in half of the meat broth.
4. Cut the cabbage in stripes and cook in the other half of the meat broth until very pulpy (one can also cook some rice).

The way the dish is served in the Valais As a starter some meat broth seasoned to taste served with rye bread and cheese. As a main course the meat, potatoes and cabbage.

WALLISER APRIKOSEN-KUCHEN MIT GERÖSTETEN MANDELN

1 rund ausgerollter Teig,
26 cm Durchmesser

60 g geriebene Mandeln
600–800 g Aprikosen, halbiert und entsteint
3 Eier
50 g Zucker
3 dl/300 ml Rahm/Sahne
1 Briefchen Vanillepulver
60 g Aprikosenglasur
50 g geröstete Mandelblättchen

1. Die Form mit Butter einfetten, den Teig in die Form legen, mit einer Gabel ein paar Mal einstechen. Teigboden gleichmäßig mit den geriebenen Mandeln bestreuen. Im Kühlschrank 30 Minuten ruhen lassen.

2. Backofen auf 190 °C vorheizen.

3. Teigboden mit den Aprikosenhälften belegen. Form auf der untersten Schiene in den vorgeheizten Ofen schieben, Aprikosenkuchen bei 190 °C 20 Minuten backen.

4. Eier, Zucker, Rahm und Vanillepulver verquirlen. Guss in die Zwischenräume gießen. Den Aprikosenkuchen nochmals 20 Minuten backen. Glasur erwärmen, Kuchen glasieren, mit Mandelblättchen bestreuen.

Tipp Der Aprikosenkuchen schmeckt am besten, wenn er noch leicht warm ist.

TARTE AUX ABRICOTS «AMANDINE»

1 pâte feuilletée abaissée
en rond, 26 cm de diamètre

60 g d'amandes moulues
600–800 g de moitiés d'abricots
3 œufs
50 g de sucre
3 dl de crème
1 sachet de vanille en poudre
60 g de glaçage aux abricots
50 g d'amandes en paillettes

1. Bien graisser la plaque, y déposer la pâte, la piquer avec une fourchette. Répartir les amandes sur la surface, mettre au réfrigérateur pour 30 minutes.

2. Préchauffer le four à 190 °C.

3. Répartir les moitiés d'abricots sur le fond et glisser la plaque sur la rainure inférieure du four préchauffé. Faire cuire 20 minutes à 190 °C.

4. Pour le débattu, mélanger œufs, sucre, crème et vanille et verser sur la tarte. Faire cuire encore 20 minutes. Chauffer le glaçage aux abricots et en recouvrir la tarte. Répartir les paillettes d'amandes en surface.

Conseil Servir légèrement chaude.

APRICOT TART IN VALAIS FASHION WITH ROASTED ALMONDS

1 pastry, rolled out round
in 26 cm diameter

60 g ground almonds
600–800 g halved, pitted apricots
3 eggs
50 g sugar
300 ml cream
1 packet of vanilla sugar
60 g apricot glaze
50 g roasted flaked almond

1. Grease the baking dish with butter and place the pastry on the form, pierce several times with a fork. Sprinkle the pastry base evenly with the ground almonds. Leave in fridge for 30 minutes.

2. Preheat the oven to 190 °C

3. Cover the base of pastry with the apricot halves. Put the dish on the lowest grid in the preheated oven. Bake the apricot tart at 190 °C for 20 minutes.

4. Whisk the eggs, sugar, cream and vanilla for the filling. Pour the filling in the spaces between the apricots. Bake the apricot tart again for another 20 minutes. Heat the apricot glaze and pour it over the tart, finally cover with almond flakes.

Tip The tart tastes best when still slightly warm.

MUSKATTRAUBENWEIN-SCHAUM MIT BEEREN

200 g gemischte weiße und rote Traubenbeeren
Puderzucker zum Bestreuen

Zabaione
1½ dl/150 ml Walliser Muscat
30 g Zucker
2 Eier
1 Eigelb
2 dl/200 ml Rahm/Sahne, steif geschlagen

1. Dicke Häutchen bei den Traubenbeeren entfernen, die Beeren halbieren und entkernen.
2. Für die Zabaione Weißwein, Zucker, Eier und Eigelb in eine Schüssel geben, auf eine bis auf halbe Höhe mit Wasser gefüllte Pfanne stellen, Eiermasse über dem kochenden Wasser aufschlagen, bis die Creme einen Holzlöffel fest überzieht. Die Zabaione im Eiswasser (Wasser mit Eiswürfeln) kalt schlagen. Schlagrahm unterziehen.
3. Die Zabaione in Gläsern anrichten. Die Traubenbeeren mit Puderzucker bestäuben, auf die Zabaione verteilen.

SABAYON DE MUSCAT ET SES RAISINS

200 g de raisin rouge et blanc assortis
sucre glace pour saupoudrer

sabayon
1½ dl de Muscat du Valais
30 g de sucre
2 œufs
1 jaune d'œuf
2 dl de crème Chantilly

1. Retirer les peaux des raisins si elles sont dures, couper les raisins en deux, retirer les pépins.
2. Pour le sabayon, verser le vin, le sucre, les œufs et le jaune d'œuf dans un bol et le placer sur une casserole à moitié remplie d'eau. Battre la masse sur le bain-marie jusqu'à ce qu'elle adhère à la cuiller en bois. Battre enfin le sabayon dans l'eau glacée jusqu'à refroidissement et incorporer la crème Chantilly.

ZABAIONE DE MUSCAT WITH GRAPES

200 g mixed white and red grapes
Dust with icing sugar

Zabaione
150 ml Valais Muscat
30 g sugar
2 eggs
1 egg yolk
200 ml whipped cream

1. Remove the thick skin of the grapes, halve the grapes and remove pips.
2. Put the Zabaione wine, eggs and egg yolk in a bowl, place in a pan which is half filled with water, whisk up the egg mass over the boiling water until cream sticks on the wooden ladle. Whisk the Zabaione in ice cold water. Blend in the whipped cream.
3. Arrange the Zabaione in glasses. Dust the grapes with icing sugar and distribute over the Zabaione.

MUNDER SAFRAN-TÖPFCHEN

1 ¼ l Milch
1 Vanilleschote, aufgeschnitten
3 ½ dl/350 ml Rahm/Sahne
15 Safranfäden
75 g Zucker
4 Eigelbe

1. Backofen auf 160 °C vorheizen.

2. Milch und Vanilleschote aufkochen, das Vanillemark abstreifen und zur Milch geben.

3. Rahm und Safran aufkochen, Vanillemilch zugeben. Akühlen lassen.

4. Zucker und Eigelbe zu einer dicklichen, luftigen Masse aufschlagen. Das Milch-Rahm-Gemisch nach und nach unterrühren. Durch ein feines Sieb passieren. Die Creme in ofenfeste Portionen-förmchen füllen.

5. Die Förmchen in eine tiefe Form stellen, bis auf ¾ Höhe mit warmem Wasser (80 °C) füllen, die Safran-töpfchen im vorgeheizten Ofen bei 160 °C rund 20 Minuten bei leicht geöffneter Tür pochieren. Garprobe machen. Töpfchen herausnehmen und abkühlen lassen.

Garnitur Mit in Zucker-sirup eingelegten Safranfäden garnieren oder mit Zucker bestreuen und mit dem Bunsen-brenner karamellisieren.

CRÈME AU SAFRAN DE MUND

1 ¼ l de lait
1 gousse de vanille incisée
3 ½ dl de crème
15 filaments de safran
75 g de sucre
4 jaunes d'œufs

1. Préchauffer le four à 160 °C.

2. Porter à ébullition le lait et la gousse de vanille, gratter la pulpe de vanille et l'ajouter au lait.

3. Porter à ébullition la crème et les filaments de safran, ajouter le lait à la vanille et laisser refroidir.

4. Battre en mousse le sucre et les jaunes d'œufs, puis incorporer petit à petit le mélange lait/crème. Passer et verser la crème dans des ramequins thermorésistants.

5. Installer les ramequins dans un récipient profond et le remplir aux ¾ d'eau chaude (80 °C). Faire pocher dans le four, 20 minutes à 160 °C avec la porte entreouverte. Vérifier la consistance. Retirer les rame-quins et les laisser refroidir.

Décoration Avec des filaments de safran trempés dans du sirop de sucre ou recouvrir de sucre et le caraméliser au bec bunsen.

CREAM WITH MUND SAFFRON

1 ¼ l milk
1 vanilla pod, slit open
350 ml cream
15 saffron threads
75 g sugar
4 egg yolks

1. Preheat oven to 160 °C.

2. Bring milk and vanilla pod to the boil, strip off the vanilla core and add to the milk.

3. Bring cream and saffron threads to the boil, add vanilla milk. Let cool.

4. Whisk sugar and egg yolks to a thickish, airy mass. Gradually stir in the milk and cream mixture. Press through a fine sieve. Pour into oven-proof small ramequin dishes.

5. Place the ramequin dishes in a deep dish, fill it to medium height with warm water (80 °C), poach in oven with slightly open door at 160 °C for about 20 minutes. Test to see if thickened. Take out the ramequin dishes, let cool.

Garnish with saffron threads marinated in syrup or dust with sugar and caramelize with the Bunsen burner (gas-torch).

FASTNACHTSKRÄPFLI

für ca. 45 Stück

Krapfenteig
250 g Weißmehl/Mehl Tpye 405
50 g kalte Butterstückchen
2 dl/200 ml Fendant
½ dl/50 ml Abricotine
3 EL Rahm/Sahne
3 Eier, 1 Prise Salz

Füllung
130 g Roggenbrotwürfelchen
1,2 dl/120 ml Rotwein (Dôle)
40 g flüssige Butter
60 g Dörraprikosenwürfelchen
40 g Baum-/Walnüsse, gehackt
1 unbehandelte Zitrone, abgeriebene Schale und Saft von ½ Frucht, wenig Salz

1. Mehl und Butter krümelig reiben. Restliche Zutaten verrühren, zum Mehl geben, zu einem Teig zusammenfügen (nicht kneten, sonst wird der Teig zäh). Im Kühlschrank 1 Stunde zugedeckt ruhen lassen.
2. Zutaten für Füllung mischen.
3. Den Kräpfliteig 2 mm dünn ausrollen, Rondellen von 7 cm Durchmesser ausstechen. 1 TL Füllung in die Mitte geben, Rand mit Wasser befeuchten, die Rondellen zusammenklappen, Rand mit Gabel andrücken (siehe Bild). Die Kräpfli mit einer Gabel einige Male einstechen.
4. Kräpfli im Frittieröl in Portionen frittieren. Mit einem Schaumlöffel herausnehmen, mit dem Puderzucker bestäuben.

BEIGNETS DE CARNAVAL

pour environs 45 pièces

pâte à beignets
250 g de farine blanche
50 g de flocons de beurre froid
2 dl de fendant, ½ dl d'abricotine
3 cs de crème
3 œufs, 1 pc de sel

farce
130 g de pain de seigle en petits cubes
1,2 dl de vin rouge (Dôle)
40 g de beurre liquide
60 g d'abricots secs en petits dés
40 g de cerneaux de noix hachés
1 citron non traité, zeste râpé et ½ jus, un peu de sel
huile pour friture

1. Pour la pâte frotter la farine et le beurre entre les doigts. Mélanger le reste des ingrédients et ajouter à la farine. Former une pâte (sans pétrir pour éviter un durcissement de la pâte). Laisser au réfrigérateur durant 1 heure.
2. Mélanger tous les ingrédients pour la farce.
3. Abaisser la pâte à 2 mm, découper des ronds de 7 cm de diamètre. Mettre 1 cc de farce au centre de chaque rond, puis humecter le bord et rabattre en demi-lunes. Presser le bord avec la fourchette (illustration). Piquer les beignets quelques fois avec une fourchette.
4. Frire les beignets par portion et les saupoudrer de sucre glace.

CARNEVAL DOUGHNUTS

For about 45 pieces

Tart pastry
250 g white flour
50 g cool butter flakes
200 ml Fendant
50 ml Abricotine
3 tbsp cream
3 eggs
1 pinch of salt

Filling
130 g rye bread diced
120 ml red wine (Dôle)
40 g fluid butter
60 g dried apricots, diced
40 g walnuts, chopped
1 organic lemon, lemon zest and juice of half a fruit
A little salt

1. Mix the flour and butter for the pastry until crumbly. Blend the remaining ingredients, add to the flour mixture, fold together (do not knead or the pastry will become tough). Leave covered in fridge for 1 hour.
2. Mix together all the ingredients for the filling.
3. Roll out the doughnut pastry 2 mm thick. Cut out rounds of 7 cm diameter. Place 1 ts of the filling in the middle, dampen the rim with water, fold together the rounds, press the rim together with a fork (see picture). Pierce the tarts a couple of times with a fork.
4. Deep-fry the doughnuts in portions. Dust with icing sugar.

ROGGENBROT

Vorteig
2½ dl/250 ml Wasser
5 g Hefe
350 g Roggenmehl

Teig
800 g Roggenschrot
25 g Hefe, 25 g Salz
Vorteig, ½ l Wasser

1. Für den Vorteig Wasser, Hefe und Roggenmehl verrühren. In der zugedeckten Schüssel etwa 8 Stunden bei 12 °C gären lassen.

2. Für den Hauptteig Roggenschrot, Hefe, Salz, Vorteig sowie Wasser zu einem Teig verarbeiten. Teig auf der Arbeitsfläche 10 Minuten kräftig kneten. Roggenbrotteig in der zugedeckten Schüssel 40 bis 60 Minuten bei Zimmertemperatur gehen lassen. Nochmals durchkneten. Teig auf Backpapier zu flachen Fladen formen. Nochmals 20 Minuten gehen lassen.

3. Backofen auf 140 °C vorheizen.

4. Blech auf mittlerer Schiene in den Ofen schieben, die Brote bei 140 °C rund 1 Stunde backen. Auf einem Gitter erkalten lassen. Das Roggenbrot ist erst nach einem Tag schnittfest.

Variante Zum Schluss grob gehackte Baumnuss-/Walnusskerne, Stückchen von Dörraprikosen oder Dörrpflaumen in den Teig kneten.

PAIN DE SEIGLE

levain
2½ dl d'eau
5 g de levure
350 g de farine de seigle

pâte
800 g de seigle égrugé
25 g de levure
25 g de sel
levain, ½ l d'eau

1. Pour le levain, mélanger les trois ingrédients en pâte, laisser fermenter dans une jatte, à couvert, durant 8 heures à 12 °C.

2. Faire une pâte avec le seigle égrugé, la levure, le sel, le levain et l'eau et la pétrir 10 minutes sur le plan de travail. Placer la pâte dans une jatte, la recouvrir et la faire lever à température ambiante durant 40 à 60 minutes. Pétrir encore une fois et déposer la pâte sur une plaque recouverte de papier sulfurisé en formant des miches plates. Laisser reposer encore 20 minutes.

3. Préchauffer le four à 140 °C.

4. Faire cuire les pains au milieu du four, environ 1 heure à 140 °C. Les laisser refroidir sur une grille. Les pains sont tout à fait fermes après 1 jour seulement.

Variante Avant la cuisson, incorporer à la pâte des cerneaux de noix, des abricots ou des pruneaux secs.

RYE BREAD

Yeast sponge
250 ml water
5 g yeast
350 g rye flour

Dough
800 g rye meal
25 g yeast
25 g salt
Yeast sponge
½ l water

1. For the yeast sponge mix water, yeast and rye flour to a dough. Let it work in a covered bowl for about 8 hours at 12 °C.

2. Mix rye meal, yeast, salt, yeast sponge and water to a dough, knead on the worktop for about 10 minutes. Leave the rye bread dough to rise in a covered bowl at room temperature for 40 to 60 minutes. Knead again. Form flat round slabs with the dough on a baking paper. Let rise again for 20 minutes.

3. Preheat the oven to 140 °C.

4. Put the baking tin in the middle grid of the oven, bake the bread at 140 °C for around 1 hour. Let cool on a baking grid. The bread is only firm for cutting after one day.

Variation Knead coarsely chopped walnuts, dried apricots or plum pieces into the dough before baking.

TOMATENBROT

500 g Weißmehl/Mehl Type 405
3 dl/300 ml lauwarmes Wasser
20 g Hefe, 10 g Zucker
10 g Salz, 25 ml Olivenöl
100 g geriebener Walliser Käse
100 g Dörrtomaten, gewürfelt

1. Mehl in eine Teigschüssel sieben, eine Vertiefung drücken. Das Wasser in die Vertiefung geben, die Hefe darin auflösen, Zucker, Salz und Olivenöl zugeben, zu einem Teig zusammenfügen, auf der Arbeitsfläche etwa 10 Minuten kneten. Den Brotteig in der zugedeckten Schüssel bei Zimmertemperatur 20 Minuten gehen lassen. Geriebenen Käse und Tomatenwürfelchen in den Teig kneten.

2. Aus dem Teig Laibe formen, auf ein bemehltes Blech legen, zudecken, auf das doppelte Volumen aufgehen lassen.

3. Backofen auf 180 °C vorheizen.

4. Blech auf der zweituntersten Schiene in den Ofen schieben, Tomatenbrote bei 180 °C 30 Minuten backen.

Bildlegende

1 Getrocknete Lammkeule
2 Getrocknetes Bison-Eckstück
3 Getrocknete Lammunterspälte
4 Walliser Rohschinken
5 Walliser Trockenfleisch
6 Luftgetrockneter Rohessspeck
7 Getrocknetes Schweinskarree

PAIN À LA TOMATE

500 g de farine blanche
3 dl d'eau tiède
20 g de levure
10 g de sucre
10 g de sel
25 ml d'huile d'olive
100 g de fromage valaisan râpé
100 g de tomates séchées en petits dés

1. Tamiser la farine dans une jatte, former la fontaine, verser l'eau tiède et y dissoudre la levure et le sucre. Ajouter sel et huile d'olive, former une pâte et la pétrir environ 10 minutes sur le plan de travail. Placer la pâte dans une jatte, la recouvrir, faire lever à température ambiante durant 20 minutes. Incorporer le fromage râpé et les tomates dans la pâte.

2. Former 2 miches, les déposer sur une plaque farinée. Recouvrir et faire lever au double du volume à température ambiante.

3. Préchauffer le four à 180 °C.

4. Faire cuire les pains sur la 2e rainure du bas, 30 minutes à 180 °C.

Légende

1 Gigot d'agneau séché
2 Coin de cuisse de bison
3 Sous-noix d'agneau
4 Jambon cru du Valais
5 Viande séchée du Valais
6 Lard cru séché à l'air
7 Carré de porc séché

TOMATO BREAD

500 g white flour
300 ml lukewarm water
20 g yeast
10 g sugar
10 g salt
25 ml olive oil
100 g grated Valais cheese
100 g dried tomatoes diced

1. Sieve the flour into a bowl, press a dent in the middle. Pour the lukewarm water in the dent, dissolve the yeast in it, add sugar, salt and olive oil, fold together to dough, knead on worktop for 10 minutes. Leave the bread dough rise in the covered bowl at room temperature for 20 minutes. Knead grated cheese and tomato cubes into the dough.

2. Form loaves, place them on a baking tin covered with flour, let rise at room temperature to double the size.

3. Preheat the oven to 180 °C.

4. Put the baking tin on the second lowest grid in the preheated oven, bake the tomato loaves at 180 °C for 30 minutes.

Picture legends

1 Dried leg of lamb
2 Dried shoulders of bison
3 Dried lamb silversides
4 Valais raw ham
5 Valais dried meat
6 Air-cured raw bacon
7 Dried loin of pork

1
2
3
4
5
6
7
7
5
2

Wo nicht anders vermerkt, sind die Rezepte für 4 Personen berechnet.
EL = Esslöffel, TL = Teelöffel, Msp = Messerspitze, l – Liter, ml – Milliliter, g – Gramm

Sans autres indications, les recettes sont conçuses pour 4 personnes.
cs = cuiller à soupe, cc = cuiller à café, pc = pointée de couteau, l = litre, ml = millilitre, g = gramm

The recipes are for 4 persons, unless stated otherwise.
tbsp = table spoon, tsp = tea spoon, l = liter, ml = milliliter, g= gramme

Gesetzt in den Schweizer Schriften «Syntax» von Hans Eduard Meier (Inhalt), «Helvetica» von Max Miedinger und «Frutiger» von Adrian Frutiger (Umschlag).

Bildlegenden:
Titel: Matterhorn, Zermatt; Eringer Kühe
Seite 6 = Niederwald
Seite 9 = Allalin, Saas Fee
Seite 10 = Bettmeralp; Brig
Seite 15 = Saastal
Seite 17 = Stockalper Palast, Brig
Seite 20 = Schwarznasenschafe
Seite 22 = Visperterminen
Seite 25 = Bissen
Seite 28 = Saastal; Einheimische aus Saas Fee
Seite 31 = Matterhorn, Zermatt
Seite 33 = Roggenbrot
Seite 34 = Schwarzhalsziegen
Seite 35 = Eringer Kühe
Seite 36 = Raclette
Seite 37 = Hannig; Saastal
Seite 38 = Genfersee

© 2008 FONA Verlag AG, CH-5600 Lenzburg
www.fona.ch

Verantwortlich für das Lektorat: Léonie Haefeli-Schmid
Gestaltung: FonaGrafik
Foodbilder: Dave Brüllmann
Coverbilder (ohne Foodbilder) und Bilder Einführung: Thomas Andenmatten, Brig
Bilder Seite 9, 15, 28, 37 von Saas-Fee/Saastal Tourismus
Lithos: FonaGrafik, Petra Niederberger
Traduction française: Philippe Rebetez, Delémont
English translation: Swiss Work Mobile AG, Berne
Druck: Druckerei Uhl, Radolfzell

ISBN 978-3-03780-345-5

Herzlichen Dank für die Mitarbeit
Un grand merci pour la collaboration
Many thanks for the support
Klaus Kubik, Erwin Gottsponer, Markus Ries
Lukas Imseng, Dorfmetzgerei Saas Fee

Walliser Produkte:
Produits valaisans:
Valais products:
www.fona.ch